BEI GRIN MACHT SICH IHR WISSEN BEZAHLT

- Wir veröffentlichen Ihre Hausarbeit, Bachelor- und Masterarbeit

- Ihr eigenes eBook und Buch - weltweit in allen wichtigen Shops

- Verdienen Sie an jedem Verkauf

Jetzt bei www.GRIN.com hochladen
und kostenlos publizieren

Marco Schmitt

Die apostolische Sukzession und Tradition in den Schriften gegen die Häresien bei Irenäus von Lyon und Tertullian

GRIN Verlag

Bibliografische Information der Deutschen Nationalbibliothek:

Die Deutsche Bibliothek verzeichnet diese Publikation in der Deutschen National-
bibliografie; detaillierte bibliografische Daten sind im Internet über http://dnb.d-
nb.de/ abrufbar.

Impressum:

Copyright © 2011 GRIN Verlag, Open Publishing GmbH
Druck und Bindung: Books on Demand GmbH, Norderstedt Germany
ISBN: 978-3-640-95345-5

Dieses Buch bei GRIN:

http://www.grin.com/de/e-book/174511/die-apostolische-sukzession-und-tradition-
in-den-schriften-gegen-die-haeresien

GRIN - Your knowledge has value

Der GRIN Verlag publiziert seit 1998 wissenschaftliche Arbeiten von Studenten, Hochschullehrern und anderen Akademikern als eBook und gedrucktes Buch. Die Verlagswebsite www.grin.com ist die ideale Plattform zur Veröffentlichung von Hausarbeiten, Abschlussarbeiten, wissenschaftlichen Aufsätzen, Dissertationen und Fachbüchern.

Besuchen Sie uns im Internet:

http://www.grin.com/

http://www.facebook.com/grincom

http://www.twitter.com/grin_com

Universität Mannheim
Philosophische Fakultät
Historisches Institut
Hauptseminararbeit in der Alten Geschichte

Die apostolische Sukzession und Tradition in den Schriften gegen die Häresien bei Irenäus von Lyon und Tertullian

Hauptseminar: Die Entstehung des Papsttums

Semester: Herbstsemester 2010
Abgabetermin: 10.01.2011

Verfasser: Marco Schmitt

Inhalt

1. Einleitung

„Wir sind Papst"[1], so titelte eine deutsche Boulevardzeitung 2005 als Josef Ratzinger zum Papst Benedikt XVI. gewählt worden ist. Als Oberhaupt des kleinsten Staates der Welt hat Papst Benedikt ein Amt inne, dessen Leitung mehr als eine Milliarde Menschen betrifft.[2]

Doch das Amt des Papstes hat einen langen und beschwerlichen Weg hinter sich, der aber nicht Gegenstand dieser Arbeit sein soll. Vielmehr beschäftigt sich diese Arbeit mit einem speziellen Aspekt bei den Anfängen des Christentums und seiner Stärkung von Innen heraus gegen andere Lehren.

So sahen sich die aufkeimenden christlichen Gemeinden jener Zeit vielen Schwierigkeiten gegenüber. Es waren nicht alleinig die Kaiser des Reiches, welche in der immer stärker zunehmenden Verbreitung des Christentums eine Gefahr sahen und versuchten diese Gefahr einzuschränken oder zu verbannen.[3] Auch tauchten auch immer wieder andere christliche Glaubensgemeinschaften auf, die sich von der bisherigen Lehre abspalteten und einen eigenen Zweig des Christentums gründeten und sich somit in ihren Praktiken und Lehren unterschieden. Nicht selten wurden diese Gruppierungen später der Häresie angeklagt, wie man im weiteren Verlauf der Arbeit sehen wird.

Allerdings führten genau diese Probleme auch zu einer innerkirchlichen Stärkung gegenüber äußeren und inneren Konflikten und zu Abgrenzungsversuchen zu Häresien und Schismen. Die permanent steigende Anzahl an neuen Gemeindemitgliedern erforderte das Festlegen von Ämtern und deren Aufgaben sowie Zuständigkeitsbereiche.[4]

---

[1] Die Presse: Habemus Papam: Josef Ratzinger ist Papst Benedikt XVI (10.12.2009), in: Die Presse.com, URL: http://diepresse.com/home/jahrzehnt/526851/Habemus-Papam_Josef-Ratzinger-ist-Papst-Benedikt-XVI?from=simarchiv (Stand: 07.01.2011).
[2] Wikipedia-Autoren: Römisch-katholische Kirche (03.01.2011), in: Wikipedia, Die freie Enzyklopädie, URL: http://de.wikipedia.org/wiki/R%C3%B6misch-katholische_Kirche (Abgerufen: 07.01.2011).
[3] Karen Piepenbrink, Antike und Christentum. Geschichte Kompakt, Darmstadt 2007, S. 11f.
[4] Ebd., S. 6.

Dies soll unter anderem auch Gegenstand dieser Arbeit sein. Anhand der Schriften gegen die Häresie von Tertullian und Irenäus von Lyon soll gezeigt werden, wie sich aus den Versuchen zu einer klaren Trennung zwischen wahrem Glauben und häretischen Lehren eine Festigung der innergemeindlichen Angelegenheiten entwickelte und welche Veränderungen und Neuerungen es zu den vorhergehenden Modellen von Sukzession, Tradition und Lehre gab.

Von dieser Sukzessionstheorie waren unter anderem Irenäus von Lyon und Tertullian überzeugt und benutzten dies als Waffe, um die Häretiker ins Abseits zu stellen. Für die Forschung stellen diese Schriften gegen die Häresie durchaus auch einen Mehrwert an Informationen zur apostolischen Sukzession und Tradition dar. Zunächst soll auf die Auslegungen und Theorien der apostolischen Sukzession vor der Zeit von Tertullian und Irenäus eingegangen werden, bevor die Schriften gegen die Häresie beider hinsichtlich der Sukzessionsreihenfolge näher untersucht werden. Anschließend soll ein Vergleich die Unterschiede und Gemeinsamkeiten aufzeigen und welche Einflüsse die Beweisführung einer apostolischen Überlieferung für die Kirche gehabt haben könnte.

Davon ausgehend soll dann nicht nur in den Schriften herausgefiltert werden, wie und ob die christliche Tradition verteidigt und gegenüber häretischen Lehren gestärkt wird, sondern auch, in welcher Beziehung die apostolische Sukzession und die Tradition zueinander gesetzt werden.

2. Die apostolische Sukzession

„Ich aber sage dir: Du bist Petrus und auf diesen Felsen werde ich meine Kirche bauen und die Mächte der Unterwelt werden sie nicht überwältigen", auf dieses Bibelzitat wird sich mehrfach von vielen Christen und vor allem Bischöfe und Kirchenväter, unter anderem wie weiter unten beschrieben Tertullian und Irenäus, bei der Aufstellung der apostolischen Sukzessionstheorie bezogen, um ihr Recht auf die wahren Träger der Lehre Christi zu bezeugen.[5]

Zu der Zeit von Tertullian und Irenäus waren die letzten Christen, die mit den Aposteln Kontakt gehabt haben konnten, bereits seit kurzer Zeit verstorben und so musste geklärt werden, wie die Tradition des Christentums weitergegeben werden konnte, was schließlich zur Ausarbeitung der Sukzessionstheorie führte.[6] Doch diese Theorie konnte nur funktionieren, wenn in jeder Gemeinde auch das Gleiche gelehrt werden würde. Sollte ein Bischof in der zweiten Generation bereits eine abweichende Lehre verbreiten, so konnte er selbst nicht in Kontakt mit der apostolischen Tradition gekommen sein, bzw. diese vorsätzlich verfälscht haben.

3. Die apostolische Sukzession bis zu Tertullian und Irenäus von Lyon

Bevor die Kirchenvertreter sich am Zuge der Beweiserbringung für die wahre Lehre fühlten, sahen sich die Häretiker in der Verpflichtung nachzuweisen, dass ihre verbreitete Lehren in einer Verbindung zur Traditionsreihe gehören.[7] Dennoch gilt es zu erwähnen, dass die Gnostiker nicht die ersten waren, die auf eine sukzessive Reihenfolge zurückgriffen. Bereits im Judentum und in der Schulphilosophie der Antike war dies bereits eine gängige Methode, um „ein Depositum unverfälscht zu bewahren".[8] Im Unterschied zu den späteren Sukzessionstheorien, war es bei den anfänglichen

---

[5] Jochen Martin, Der Weg zur Ewigkeit führt über Rom. Die Frühgeschichte des Papsttums und die Darstellung der neutestamentlichen Heilsgeschichte im Triumphbogenmosaik von Santa Maria Maggiore in Rom, Stuttgart 2010, S. 25.
[6] Jochen Martin, Die Genese des Amtspriestertums in der frühen Kirche. Der priesterliche Dienst III, Freiburg - Basel - Wien 1972, S. 95.
[7] Ebd., S. 95.
[8] Ebd., S. 95.

sukzessiven Beweisführungen noch kein Standard die Lehren der Amtsträger als verbindlich zu kennzeichnen.

Als erster Vertreter der apostolischen Sukzessionstheorie gilt Hegesipp.[9] Er stellte bei seinen Reisen nicht nur fest, dass in den Gemeinden von Korinth bis nach Rom die gleiche Lehre verbreitet wurde, sondern er erstellte auch eine Bischofsreihe, welche er Diadoche[10] nannte.

Etwas früher lässt sich neben Hegesipp bereits in Clemens erstem Brief bei 42,1-5 ein Vorläufer der apostolischen Sukzession finden.[11] So schrieb Clemens an die Korinther, dass Jesus seinen Jüngern die Aufträge erteilte und die Lehre weitergab, welche er selbst von Gott erhielt und die Jünger darauf hin ausströmten und selbst Bischöfe und Diakone als ihre Nachfolger ernannten, um ihre Predigten in den Gemeinden weiterzugeben.

Diese Art der Beweisführung ermöglichte es den Bischöfen, sofern sie in der Lage waren eine Abfolge rückführend von ihnen ausgehend hin zu einem Apostel vorzuweisen, ihre Besetzung des Amtes zu legitimieren und zu predigen. Die Häretiker und Gnostiker hatten gegen die Sukzession keine Chance, da sie sich selbst meist auf geheime Traditionen beriefen.[12]

Martin erwähnt noch einen Unterschied zur Sukzessionstheorie, der bei Ignatius zu finden ist.[13] Dieser setzte die Bischöfe nämlich in eine senkrechte Beziehung zu Gott. So war der Bischof im Sinne Jesus Christus und Jesus Christus wiederum war im Sinne Gott. Die spätere Sukzessionstheorie allerdings ermöglichte es, die Bischöfe in einer waagrechten Beziehung in eine Reihenfolge der rechtmäßigen Träger der wahren Lehre einzuordnen, welche ununterbrochen zurück bis auf die Apostel führt.

---

[9] Martin, Der priesterliche Dienst, S. 96.
[10] Ebd., S. 96.
[11] Siehe hierzu und im Folgenden: Joseph A. Fischer (Hg.), Die apostolischen Väter, Schriften des Urchristentums, 1. Teil, Darmstadt 1998. S. 77.
[12] Martin, Der priesterliche Dienst, S. 96.
[13] Siehe hierzu und im Folgenden: Martin, Der priesterliche Dienst, S. 96.

Als Mitte des 2. Jahrhunderts die letzten Personen starben, die mit den Aposteln in direktem Kontakt gestanden hatten, befand sich die Auseinandersetzung mit der Gnosis auf ihrem Höhepunkt.[14] Diese Umstände veranlassten viele Vertreter der Kirche zu einer stärkeren und schärferen Beschäftigung mit dem Kampf gegen die Häresie,[15] was zu den nun aufgeführten Schriften gegen die Häresie führte.

4. Die apostolische Sukzession bei Tertullian

Tertullian hat es sich mit seinem Werk „De praescriptione haereticorum"[16] mittels seiner juristischen Kenntnisse[17] zur Aufgabe gemacht die Häretiker Abseits der, seiner Meinung nach, wahren Kirche zu stellen, ohne dabei Bezug auf die Bibel nehmen zu müssen. Denn nur der rechtmäßige Besitzer der Heiligen Schrift dürfe diese benutzen, um den wahren Glauben zu vertreten.[18] Und die Streitfrage um den wahren Besitzer der Heiligen Schrift ist eines der Hauptanliegen seiner Prozesseinrede gegen die Häretiker, weshalb er Abstand davon nimmt, sich in seiner Rede auf die Bibel zu beziehen.

Dank dieser Prozesseinrede gegen die Häretiker ist es möglich einen Einblick in das Verständnis eines der ersten Kirchenväter zu erhalten und es gibt Auskunft über Rechtfertigung und Glaube an seine eigene Kirche und deren Tradition. Für diese Arbeit soll jedoch der Fokus zunächst auf die apostolische Sukzession und deren Rechtfertigung gegenüber der Häresie liegen.

Ein wichtiger Bestandteil der Rede ist Tertullians Erläuterung zur apostolischen Sukzession, die zwar nahezu deckungsgleich mit früheren Sukzessionstheorien ist, aber auch neue Aspekte vorweist:[19] So steht am Anfang Gott selbst, der mit Hilfe des Heiligen Geistes seinen Sohn Jesus Christus schuf. Jener wiederum übertrug auf die Apostel durch den Heiligen Geist seine Kraft. Die Apostel gründeten nun mehrere

---

[14] Martin, Der priesterliche Dienst. S. 95.
[15] Ebd., S. 95.
[16] Martin, Der Weg zur Ewigkeit führt über Rom, S .25.
[17] Henrike Maria Zilling, Tertullian. Untertan Gottes und des Kaisers, Paderborn 2004, S. 33.
[18] K. A. Kellner, Tertullians ausgewählte Schriften, Hg. Gerhard Esser, Bibliothek der Kirchenväter 2, Kempten - München 1915, S. 669.
[19] Siehe hierzu und im Folgenden: Ebd., S. 324.

Gemeinden, angefangen mit Judäa, welche bei Tertullian mit „apostolischen Gemeinden"[20] tituliert sind. Diese apostolischen Gemeinden besaßen nun den Samen des Glaubens, welcher sich zentrifugal von den Urgemeinden aus verbreitete. Da aber alle nachfolgenden Gemeinden von eben diesen abstammen, dürfen sie sich selbst, nach Tertullian, auch als apostolischen Gemeinden betrachten.

Da ja nun alle christlichen Gemeinden der Theorie nach von den apostolischen Urgemeinden abstammen, will Tertullian gemäß seiner (vermutlichen) juristischen Ausbildung[21] auch den Beweis hierfür erbringen. Diesen sieht er in der bestehenden Einheit unterhalb der Gemeinden: [22] Erstens sind die Gemeinden bedacht, sich gegenseitig den Frieden zu gewähren. Zweitens stehen die apostolischen Gemeinden in einer brüderlichen Beziehung zueinander und drittens sollen die Gemeinden stetig untereinander bestrebt die Gastfreundschaft zu bewahren und zu pflegen. Diese Ausprägung der drei genannten Rechte hat sich nach Tertullians Schlussfolgerung nur entwickeln können, wenn von Anfang an ein und dieselbe Glaubenslehre bestand, welche durch einheitliche Überlieferung von Generation zu Generation weitergegeben worden ist.

Um sich von der Häresie abzugrenzen, verdeutlicht Tertullian erneut die Signifikanz der apostolischen Tradition, indem er in Frage stellte, dass die häretischen Prediger in der Lage wären, eine Reihenfolge darzulegen, die bis zu den Ursprüngen ihrer Kirchen führte und somit eine apostolische Verwandtschaft bezeugen könnte.[23] Denn genau dies ist für Tertullian ein ausschlaggebendes Argument für den rechtmäßigen Besitz an der Lehre. Er selbst bezeugt, dass der Apostel Johannes in Smyrna Polykarp als Bischof aufgestellt hat und Clemens von Apostel Petrus in der Kirche von Rom den Episkopat übertragen bekam.[24]

---

[20] Kellner, Tertullians ausgewählte Schriften, S. 324.
[21] Zilling, Tertullian, S. 33.
[22] Siehe hierzu und im Folgenden: Kellner, Tertullians ausgewählte Schriften, S. 325f.
[23] Kellner, Tertullians ausgewählte Schriften, S. 339.
[24] Kellner, Tertullians ausgewählte Schriften, S. 339.

Die apostolische Sukzession nimmt für Tertullian im Kampf gegen die Häresie einen enormen Stellenwert ein. Denn nur durch eine korrekte Nachfolge vom jetzigen Bischof zurück bis zu den Aposteln wird der rechtmäßige Anspruch auf die Heilige Schrift legitimiert. So ist es für uns von besonderem Interesse, wenn Tertullian nun eben jene Reihenfolge um den neuen Faktor der Urgemeinden erweitert. Konnten vorher nur Personen, in der Regel Bischöfe, Legitimationsträger des wahren Glaubens sein, so sind nun lokale Gegebenheiten, die von den Aposteln gegründeten Gemeinden, Ausgangspunkt der Legitimation.

5. Die apostolische Sukzession bei Irenäus von Lyon

In seinem dritten Buch gegen die Häresie[25] schildert Irenäus seine Überzeugung von der apostolischen Sukzession und gibt auch für die Kirche in Rom eine genaue Reihenfolge der Bischöfe zurück bis zu den Aposteln an.

Zunächst gesteht Irenäus den Aposteln die von Gott gegebene Vollmacht zu, um das Evangelium zu verbreiten, was später Ausgangspunkt und die Basis des christlichen Glaubens sein soll.[26] Weiter verteidigt Irenäus die Apostel vor den Anschuldigungen, dass sie die Lehre bereits verbreitet hätten, bevor sie sie selbst von Jesus vollständig mitgeteilt bekommen haben[27] und gegen die Anschuldigung von unvollständigen bzw. verfälschten Schriften.[28]

Interessant für diese Arbeit ist Irenäus Darlegung über die genaue sukzessive Reihenfolge der Kirche von Rom.[29] Auffällig ist hier auch die hervorgehobene Stellung der römischen Kirche und ihre zugesprochenen Gründungsautorität. Aufgrund ihres Alters und ihrer berühmten Gründer und Organisatoren Petrus und Paulus, gilt die Kirche von Rom für Irenäus als Maßstab für die anderen Kirchen, welche

---

[25] Norbert Brox, Irenäus von Lyon, Adversus haereses. Gegen die Häresien: Fontes Christiani 8/3, Freiburg - Basel - Wien - Barcelona - Rom - New York 1993-2001.
[26] Ebd., S. 21.
[27] Ebd., S. 23.
[28] Ebd., S. 25.
[29] Siehe hierzu und im Folgenden: Brox, Irenäus von Lyon, Adversus haereses, S. 31ff.

schlussfolgernd mit ihr übereinstimmen müssen, um der Verbreitung des wahren Glaubens würdig und bevollmächtigt zu sein.

Im Folgenden ist nun Irenäus Aufzählung der römischen Bischöfe zu finden. Hierbei gilt es zu beachten, dass die angegebenen Jahreszahlen lediglich die ungefähre Amtsdauer des jeweiligen Bischofs darstellen. Aufgrund mangelnder historisch gesicherten Quellen ist es erst ab dem Jahre 235 n. Chr. möglich zutreffende Angaben über die Dauer eines Episkopates zu geben.[30]

In seiner der Auflistung der Reihenfolge der apostolischen Bischöfe der Kirche von Rom beginnt Irenäus mit Linus (~ 67 - 76 n. Chr.), der als erstes das Amt von Paulus und Petrus übertragen bekam. Ihm folgte Anenkletos (~ 76 - 88 n. Chr.) und dann Clemens (~ 88 - 97 n. Chr.), der als letztes in der apostolischen Reihenfolge noch in Kontakt mit den Aposteln stand. Als Nachfolger von Clemens übernahm Evaristus (~ 97 - 105 n. Chr.) das Amt des Bischofs und darauf Alexander I. (~ 105 - 115 n. Chr.). An sechster und siebter Stelle in der apostolischen Reihenfolge ist Sixtus (~ 115 - 125 n. Chr.) und der Märtyrer Telesphorus (~ 125 - 136 n. Chr.) zu finden. Ihnen folgte Hyginus (~ 136 - 140 n. Chr.), Pius (~ 140 - 155 n. Chr.), Aniket (~ 155 - 166 n. Chr.) und Soter (~ 166 – 175 n. Chr.). Als Irenäus sein Schreiben gegen die Häresie verfasste, war als Zwölfter in der apostolischen Reihenfolge Eleutheros (~ 175 - 189) gegenwärtiger Bischof von Rom.

Dies ist eine Mustervorlage der apostolischen Abstammung der Bischöfe einer Kirche. Irenäus war damit in der Lage jegliche Geltungsansprüche eines Häretikers auf die Richtigkeit seiner verbreiteten Lehre auszuhebeln. Im Gegensatz dazu war jeder der in der Reihenfolge genannten Bischöfe nun in der Lage sich auf seine apostolische Abstammung zu berufen und die Wahrheit seiner Lehre zu bezeugen und zu untermauen, da sie zwar nicht direkt, sondern über Erbschaft von den Aposteln selbst ausgehend an den jeweiligen Bischof übertragen worden ist.

---

[30] Siehe hierzu und im Folgenden: Ökumenisches Heiligenlexikon: Päpste (o. J.), in: Ökumenisches Heiligenlexikon, URL: http://www.heiligenlexikon.de/Glossar/Paepste_zeitlich.htm (Stand: 28.12.2010).

Irenäus gibt noch zwei weitere, wenn auch deutlich kürzere Beweise einer apostolischen Abstammung an. Er bezieht sich hierbei, wie schon Tertullian, unter anderem auf die Kirche von Smyrna.[31] Polykarp, der dortige Bischof, stand nicht nur selbst noch in Kontakt mit den Aposteln und wurde von ihnen unterrichtet, sondern er wurde von ihnen persönlich in der Kirche von Smyrna als Bischof eingesetzt. Irenäus lobt die Beständigkeit, die Polykarp hatte, um das von den Aposteln Gelernte und Überlieferte selbst weiter zu lehren. Nach Meinung Irenäus zeigte sich dies insbesondere durch die Einheitlichkeit der Überlieferung in den Kirchen Asiens, die er selbst erfahren haben dürfte.

Ferner geht Irenäus noch auf die Macht der Sukzession ein, indem er beschreibt, dass Polykarp allein durch sein Berufen auf die apostolische Herkunft seiner Lehre Häretiker wieder zur Kirche bekehrte.[32] Am Ende dieses Kapitels erwähnt Irenäus noch kurz die von Paulus gegründete Kirche von Ephesus, wo sich bis in die Anfänge des 2. Jahrhunderts hinein Johannes aufhielt.[33]

Genau wie bei Tertullian wird hier die apostolische Sukzession als Argument gegen die Häresie genutzt und nicht zur innerkirchlichen Rechtfertigungsversuchen der amtierenden Bischöfe. Weitere Kirchen aufzuzählen hält Irenäus für nicht nötig, da die Wahrheit ohne weiteres, in den jeweiligen Kirchen zu finden sei.[34] Schließlich wurde die von den Aposteln stammende Tradition von den Gläubigen der Kirchen beibehalten.[35]

---

[31] Siehe hierzu und im Folgenden: Brox, Irenäus von Lyon, Adversus haereses, S. 35-37.
[32] Ebd., S. 37.
[33] Ebd., S. 39.
[34] Ebd., S. 39.
[35] Ebd., S. 31.

6. Die Modelle der apostolischen Sukzession im Vergleich

Im Vergleich mit der von Clemens erstellten Sendungsreihe: Gott → Christus → Apostel → Bischöfe und Diakone[36], die noch nicht den Zweck einer Verteidigung gegenüber der Häresie hatte, erscheinen die von Irenäus und Tertullian erstellten Sukzessionstheorien, nicht zuletzt aufgrund ihres juristischen Charakters, etwas ausgefeilter.

Die Auslegungen der apostolischen Abstammungslinien von Bischöfen liefern für Irenäus und Tertullian genug Beweise für die Einheitlichkeit und vor allem für die Wahrheit des von den Kirchen verbreiteten Glaubens. Wird sie von beiden benutzt, um die Häresie zu bekämpfen, so spiegelt sie jedoch auch ein Bild des Inneren der Kirche wieder. Es werden bereits bei Irenäus die von den Aposteln gegründeten Kirchen, insbesondere die Kirche von Rom, hervorgehoben ohne sie direkt in ein Hierarchiegebilde mit Befugnissen über andere Kirchen zu stellen, die nicht von einem Apostel gegründet wurden.[37] Diese Bedeutung der von den Aposteln gegründeten Kirchen lässt sich auch in den Texten von Tertullian wieder finden.

Die Sendungsreihe von Tertullian ähnelt der von Clemens: So steht auch hier am Anfang Gott als das Höchste, der als Jesus Christus seine Lehre auf Erden verbreitet. Jesus Christus wiederrum ernennt und lehrt mit der Kraft des Heiligen Geistes seine Apostel, welche die apostolischen Urkirchen (wie z.b. Rom und Judäa) gründeten, um den Samen des Glaubens zu setzen, der sich in den von den Urgemeinden aus in den neuen Gemeinden fortpflanzt.[38] Fellermayr weist hierbei auf ein Problem bei der Überbrückung von den Aposteln zu den Urgemeinden hin, das sich seiner Meinung nach in der gesamten Schrift Tertullians wiederfinden lässt.[39] Zu Tertullians Zeit waren wie bereits erwähnt, die letzten Personen, die mit den Aposteln noch Kontakt hatten, seit einiger Zeit verstorben. Tertullian musste nun nach einer Möglichkeit suchen, um

---

[36] Josef Fellermayr, Tradition und Sukzession im Lichte des römisch-antiken Erbdenkens. Untersuchungen zu den lateinischen Vätern bis zu Leo dem Großen, München 1997, S. 284.
[37] Martin, Der Weg zur Ewigkeit führt über Rom, S. 22.
[38] Martin, Der Weg zur Ewigkeit führt über Rom, S. 26f.
[39] Siehe hierzu und im Folgenden: Fellermayr, Tradition und Sukzession im Lichte des römisch-antiken Erbdenkens, S. 284f.

zu beweisen, welche Kirchen denn nun von den ursprünglichen apostolischen Kirchen abstammen und welche nicht. Hierzu verweist er auf die Abstammung von Kirchen, die durch eine gemeinsame Lehre mit den apostolischen Urkirchen verbunden ist. Im Umkehrschluss erwartet er von häretischen Kirchen, die sich allein auf ihr Alter beziehen, eigens erbrachte Beweise: Sie sollen die Ursprünge ihrer Kirchen angeben, eine Reihenfolge ihrer Bischöfe anlegen, die zeigen soll, dass ihr erster Bischof entweder von einem Apostel direkt oder zumindest von einem Vertrauten eines Apostel seine Lehren erhielt.[40]

Man erwartete nun, nachdem die eigene Sukzessionstheorie gefestigt war, eine von den Häretikern angelegte apostolische Sukzessionsliste. Diese Methode erweckt den Anschein eines selbstsicheren Verfahrens, wie es in juristischen Angelegenheiten angewendet wird, um dem Angeklagten den juristischen Todesstoß zu versetzen. Denn es waren bereits Sukzessionslisten aller apostolischen Kirchen bekannt und somit würde durch den Versuch einer häretischen Sukzessionsliste die jeweilige Kirche als nicht-apostolisch entlarvt werden.

7. Wirkung von Tradition und der Lehre Christi bei der apostolischen Sukzession

Die apostolische Sukzessionstheorie war nur eine, wenn auch eine recht durchschlagkräftige Maßnahme, um gegen Häresien vorzugehen und die eigene Kirche zu stärken. Doch benötigte sie mehr, als eine bloße Aufzählung von Bischöfen, welche zurück bis zu den Aposteln führt, um ein solides Fundament zu erhalten und die Häretiker ins Abseits zu manövrieren. So beriefen sich sowohl Christen als auch Gnostiker auf ihre eigene Auslegung von Tradition und der Lehre Christi. Und gerade die Tradition ist, wie man im Folgenden lesen kann, eng mit der Sukzessionstheorie verknüpft.

---

[40] Kellner, Tertullians ausgewählte Schriften, S. 658.

Die Art der Sukzession und vor allem deren Beweise waren neu. Interessant an den Schriften gegen die Häretiker ist auch die Art und Weise wie Tertullian und Irenäus versuchen die Häresie vom Christentum abzutrennen. Um den häretischen Gruppierungen weiter das Recht an der Lehre Christi abzusprechen, geht Tertullian zurück bis zum Zeitpunkt, an dem Jesus seine Lehre an die Apostel weitergab,[41] welche als bis dahin alleinig verantwortlich waren, diese Lehre als Prediger zu verbreiten. Jede Kirche und jede Gemeinde, die nur diese Lehre verbreitet, stehen in Übereinstimmung zueinander und gilt als Träger der Wahrheit.

Unter den Häretikern gab es die Kritik, dass die Lehre falsch überliefert worden sein könnte, oder dass gar eine Geheimlehre existierte, welche die Apostel für sich behielten.[42] Tertullian kontert nun, unter Rückbezug auf seine Ausführung der Lehre Christi, mit der Einheitlichkeit der Kirchen. Denn hätte es eine falsche Lehre gegeben, hätte jede Kirche sich in ihrer Lehre und im Glauben von der nächsten unterschieden.[43] Folglich wäre es unmöglich gewesen, dass alle Kirchen zu demselben Glauben gefunden hätten. Aber da dies so geschah, deutete Tertullian dies als Beweis der wahrhaftigen Überlieferung.[44]

Viele Häretiker begründeten ihre Zweifel mit dem von Jesus stammenden Zitat „Suchet, und ihr werdet finden."[45] Sie nahmen dies zur Annahme einer versteckten Lehre, die es noch zu entdecken galt.[46] Gegenstand für Tertullian ist aber die Lehre Christi, die, sobald man sie gefunden hat, ihre Existenz als Suche beendet und in die Form des Glaubens übergeht.[47] In Tertullians Verteidigung der Lehre Christi findet Martin[48] den Vorreiter der apostolischen Sukzession, wobei hier nur auf die Weitergabe der Lehre eingegangen wird, ohne Bezug auf die nachfolgenden Bischöfe zu nehmen. Denn die Tradition und die Lehre Christi sind, genaue wir auch bei Irenäus sahen,[49] ein Erkennungsmerkmal der Kirchen für deren Abstammung von den apostolisch

---

[41] Siehe hierzu und im Folgenden: Kellner, Tertullians ausgewählte Schriften, S. 326f.
[42] Ebd., S. 327.
[43] Ebd., S. 335.
[44] Ebd., S. 335.
[45] Ebd., S. 660.
[46] Ebd., S. 661.
[47] Ebd., S. 661f.
[48] Siehe hierzu und im Folgenden: Martin, Der Weg zur Ewigkeit führt über Rom, S. 25f.
[49] Brox, Irenäus von Lyon, Adversus haereses, S. 31.

gegründeten Kirchen. Denn nur wenn, ähnlich wie bei der apostolischen Sukzession, die Lehren einer Kirche mit den Lehren der von Jesus Christus ausgesandten Apostel übereinstimmen, zeuge dies von der Wahrheit ihrer Lehren.

Auch für Irenäus hat die apostolische Tradition einen hohen Stellenwert mit der er die Sukzession untermauert. Denn bei Glaubensfragen solle man sich an die ältesten Kirchen wenden, um Unklarheiten des Glaubens zu klären. Auch stellt er die rhetorische Frage, was zu tun wäre, wenn die Apostel die Tradition lediglich mündlich tradiert hätten. Denn dann müsste man sich ohnehin an die apostolischen Kirchen wenden, denen sie ihr Wissen anvertraut haben.[50]

Im Gegensatz dazu, vertreten nach Irenäus die Häretiker die Meinung, dass die Lehre gar nicht schriftlich, sondern vielmehr mündlich weitergegeben worden sei. Hierbei bezogen sie sich auf ein Bibelzitat von Paulus „Wir reden Weisheit unter den Vollkommenen, aber nicht Weisheit dieser Welt".[51] Gleichzeitig beschuldigt Irenäus die Häretiker nicht nur der Falschauslegung der Lehre Christ, sondern er erklärt sie gar zu Verächtern der Christen, der Apostel, Jesus und schließlich Gottes.[52]

---

[50] Brox, Irenäus von Lyon, Adversus haereses, S. 39.
[51] Ebd., S. 25.
[52] Ebd., S. 25.

8. Fazit

Die Intention meiner Arbeit war es, die Schriften gegen die Häresie von Irenäus von Lyon und Tertullian hinsichtlich ihrer Bedeutung und ihres Wertes für die apostolische Sukzessionstheorie zu untersuchen. Es kann angenommen werden, das es natürlich nicht primäres Ziel dieser beiden Männer war, ihre Nachwelt über den rechtsmäßigen Besitz an der Heiligen Schrift zu überzeugen, sondern vielmehr ihre Glaubensgenossen vor den Gefahren der Häresie zu warnen und die Argumente eben jener ad absurdum zu führen.[53] In beiden Texten macht die Abhandlung über die apostolische Sukzession nur einen kleinen Teil der gesamten Schriften aus. Aber dennoch sind gerade diese wenigen Absätze mitausschlaggeben, um ein Verständnis für das frühe Christentum zu gewinnen.

Frühere Modelle, oder trefflicher ausgedrückt Vorläufer, einer apostolischen Sukzessionstheorie haben noch nicht den Charakter einer Rechtfertigung gegenüber Häresien. Vielmehr erwecken sie den Eindruck zur Stärkung der Vollmacht der einzelnen Bischöfe innerhalb der Kirche. Erst mit dem verstärkten Aufkommen der Häresie sahen sich die Kirchenväter gezwungen, aggressiver gegen sie vorzugehen. Mithilfe der apostolischen Sukzession hatten sie hierbei ein überzeugendes Argument in der Hand. Gerade bei Tertullian wird sie, gepaart mit seinem juristischen Handwerk, zu einer mächtigen Waffe für die Christen. Da die Aposteln und ihre geistigen Nachfahren nun schon von den Christen quasi in Beschlag genommen worden sind, blieb den Häretikern kein großer Spielraum mehr, um ihre Positionen und Lehren zu rechtfertigen.

Natürlich folgten nach Tertullian und Irenäus noch andere apostolischen Sukzessionstheorien. Eine bedeutende Neuerung innerhalb dieser Sukzessionstheorienreihe entwickelte sich zu Zeiten Ambrosius, damaliger amtierender Bischof von Mailand: die sogenannte Universalsukzession.[54] Wurde unter Tertullian und Irenäus das Erbe von Petrus immer von Bischof zu Bischof weitergegeben, so entstand nun das

---

[53] Erich Kettenhofen, Sixtus I. (17.03.1999), in: Biographisch-Bibliographisches Kirchenlexikon, URL: http://www.bautz.de/bbkl/s/sixtus_i.shtml (Stand: 07.01.2011).
[54] Siehe hierzu und im Folgenden: Martin, Der Weg zur Ewigkeit führt über Rom, S. 78f.

Modell des direkten Bezuges. Jeder Bischof verstand sich nun als direkter Erbe von Petrus, der im damaligen Verständnis den anderen Aposteln übergeordnet war und dem nun eine Mittlerstellung zwischen Jesus und den Aposteln zugeschrieben wurde. Jegliche Funktionen von Petrus wurden damit direkt an den jeweiligen Bischof übertragen.

Wie man auch in dieser Arbeit sehen kann, gibt es Parallelen zwischen der apostolischen Sukzession und der Weitergabe von Tradition und Lehre. Während die Vererbung der Tradition auf Wort und Schrift basiert, ist die Sukzession die Verkörperung dessen in einer Person, deren Aufgabe es ist, sich selbst, die Tradition und die Lehre unverändert und unverfälscht weiter zu geben.

9. Literaturverzeichnis

Quellen:

Brox, Norbert, Irenäus von Lyon, Adversus haereses. Gegen die Häresien: Fontes Christiani 8/3, Freiburg - Basel - Wien - Barcelona - Rom - New York 1993-2001.

Fischer, Joseph A (Hg.), Die apostolischen Väter, Schriften des Urchristentums, 1. Teil, Darmstadt 1998.

Kellner, K. A., Tertullians ausgewählte Schriften, Hg. Gerhard Esser, Bibliothek der Kirchenväter 2, Kempten - München 1915.

Sekundärliteratur:

Fellermayr, Josef, Tradition und Sukzession im Lichte des römisch-antiken Erbdenkens. Untersuchungen zu den lateinischen Vätern bis zu Leo dem Großen, München 1997.

Martin, Jochen, Die Genese des Amtspriestertums in der frühen Kirche. Der priesterliche Dienst III. Freiburg - Basel - Wien 1972.

Martin, Jochen, Der Weg zur Ewigkeit führt über Rom. Die Frühgeschichte des Papsttums und die Darstellung der neutestamentlichen Heilsgeschichte im Triumphbogenmosaik von Santa Maria Maggiore in Rom. Stuttgart 2010.

Piepenbrink, Karen, Antike und Christentum. Geschichte Kompakt, Darmstadt 2007.

Zilling, Henrike Maria, Tertullian. Untertan Gottes und des Kaisers, Paderborn 2004.

17

Internetquellen:

Die Presse: Habemus Papam: Josef Ratzinger ist Papst Benedikt XVI, in: Die Presse.com. Bearbeitungsstand: 10.12.2009, URL: http://diepresse.com/home/jahrzehnt/526851/Habemus-Papam_Josef-Ratzinger-ist-Papst-Benedikt-XVI?from=simarchiv (Abgerufen: 07.01.2011).

Erich Kettenhofen, Sixtus I. (17.03.1999), in: Biographisch-Bibliographisches Kirchenlexikon, URL: http://www.bautz.de/bbkl/s/sixtus_i.shtml (Stand: 07.01.2011).

Ökumenisches Heiligenlexikon: Päptse (o. J.), in: Ökumenisches Heiligenlexikon, URL: http://www.heiligenlexikon.de/Glossar/Paepste_zeitlich.htm (Stand: 28.12.2010).

Wikipedia-Autoren: Römisch-katholische Kirche, in: Wikipedia, Die freie Enzyklopädie, Bearbeitungsstand: 03.01.2011. URL: http://de.wikipedia.org/wiki/R%C3%B6misch-katholische_Kirche (Abgerufen: 07.01.2011).